PAPE FRANÇOIS

Candor Lucis æternæ

Lettre Apostolique
à l'occasion du 7ème Centenaire
de la mort de Dante Alighieri

LIBRERIA
EDITRICE
VATICANA

Sur la couverture :
Raphaël (Raffaello Sanzio), *Il Parnaso*, Chambre de la Signatura, fresque, 1508-1511, détail
Photo © Governatorato S.C.V. - Direzione dei Musei

00120 Città del Vaticano
Tel. 06.698.45780
E-mail: commerciale.lev@spc.va

ISBN 978-88-266-0617-0

www.vatican.va

www.libreriaeditricevaticana.va

Splendeur de la Lumière éternelle, le Verbe de Dieu a pris chair de la Vierge Marie lorsqu'elle répondit "me voici" à l'annonce de l'Ange (cf. *Lc* 1, 38). Le jour où la Liturgie célèbre cet ineffable Mystère a aussi une particulière importance en raison de l'événement historique et littéraire du grand poète Dante Alighieri, prophète d'espérance et témoin de la soif d'infini inscrite au cœur de l'homme. En ce jour, je désire m'unir, moi aussi, au chœur nombreux de tous ceux qui veulent honorer sa mémoire en ce 7ème centenaire de sa mort.

Le 25 mars, en effet, commençait à Florence l'année selon le calcul *ab Incarnatione*. Cette date, proche de l'équinoxe de printemps, et située dans la perspective de Pâques, est associée à la création du monde et à la rédemption opérée par le Christ sur la croix, début d'une nouvelle création. Dans la lumière du verbe incarné, elle invite par conséquent à contempler le dessein d'amour qui est au cœur même de la source inspiratrice de l'œuvre la plus célèbre du Poète, la *Divine Comédie*. Au dernier chant, l'Incarnation y est rappelée par saint Bernard en ces vers célèbres : « Dans ton ventre, l'amour s'est rallumé, / par la chaleur de qui, dans le calme éternel / cette fleur ainsi est éclose » (*Par.* XXXIII, 7-9).[1]

Déjà, dans le *Purgatoire*, Dante représentait la scène de l'Annonciation sculptée sur un relief de pierre (cf. X, 34-37. 40-45).

En cette circonstance, la voix de l'Église, qui s'associe à la commémoration unanime de l'homme et du poète Dante Alighieri, ne peut donc pas manquer. Bien mieux que beaucoup d'autres, il a su exprimer la profondeur du mystère de Dieu et de l'amour, avec la beauté de la poésie. Son poème, très haute expression du génie humain, est le fruit d'une inspiration nouvelle et profonde dont le Poète est conscient lorsqu'il en parle comme du « poème sacré où le ciel et la terre / ont mis la main » (*Par.* XXV, 1-2).

Par cette Lettre Apostolique, je désire unir ma voix à celles de mes prédécesseurs qui ont honoré et célébré le Poète, notamment à l'occasion de ses anniversaires de naissance ou de mort, dans le but

[1] Traduction de Jacqueline Risset, GF Flammarion, Paris, 2010.

de le proposer de nouveau à l'attention de l'Église, à l'universalité des fidèles, aux érudits en littérature, aux théologiens, aux artistes. Je rappellerai brièvement ces interventions en focalisant l'attention sur les Pontifes du siècle dernier et sur leurs documents de plus grande importance.

1. Les paroles des Pontifes Romains du siècle dernier sur Dante Alighieri

Il y a un siècle, en 1921, à l'occasion du 6ème centenaire de la mort du Poète, Benoît XV, recueillant les éléments apparus au cours des précédents Pontificats, en particulier ceux de Léon XIII et de saint Pie X, commémorait l'anniversaire de Dante, d'une part avec une Lettre Encyclique,[2] d'autre part en promouvant des travaux de restauration dans l'église *San Pietro Maggiore* de Ravenne, communément appelée *San Francesco* où furent célébrées les funérailles d'Alighieri, ainsi que dans le cimetière où il fut inhumé. Le Pape, appréciant les nombreuses initiatives destinées à solenniser l'événement, revendiquait le droit de l'Église, « qui fut pour lui une mère », d'avoir

[2] *In praeclara summorum* (30 avril 1921) : *AAS* 13 (1921), pp. 209-217.

le premier rôle dans ces commémorations en honorant « son » Dante.[3] Déjà, par sa lettre à l'Archevêque de Ravenne, Mgr Pasquale Morganti, dans laquelle il approuvait le programme des célébrations du centenaire, Benoît XV motivait son adhésion de la sorte : « De plus (et c'est le plus important) s'ajoute une raison particulière pour laquelle nous considérons qu'il faut célébrer son solennel anniversaire avec une reconnaissance consciente et un grand concours de peuple : le fait qu'Alighieri est nôtre. […] En effet, qui pourra nier que notre Dante a nourri et renforcé la flamme de l'intelligence et de la vertu poétique en tirant son inspiration de la foi catholique, à tel point qu'il a chanté dans un poème quasi divin les mystères sublimes de la religion? ».[4]

À un moment de l'histoire marqué par des sentiments d'hostilité envers l'Église, le Pontife réaffirmait, dans l'Encyclique citée, l'appartenance du Poète à l'Église, les « liens étroits [qui] rattachent Dante à cette Chaire de Pierre ». Mieux encore, il affirmait que son œuvre, bien qu'étant une expression de « la prodigieuse

[3] Cf. *ibid.* p. 210.

[4] Lett. *Nobis, ad Catholicam* (28 octobre 1914) : *AAS* 6 (1914), p. 540.

ampleur et finesse de son génie », tirait « un puissant élan d'inspiration » de la foi chrétienne. C'est pourquoi, poursuivait Benoît XV, « ce qui, chez ce poète, force l'admiration, ce n'est pas seulement la puissance de son génie, mais encore la grandeur comme infinie du thème que la religion divine a fourni à son chant ». Et il en faisait l'éloge en répondant indirectement à ceux qui niaient ou critiquaient la matrice religieuse de son œuvre : « Chez Alighieri, s'exprime la même piété qui est en nous, sa foi a les mêmes sentiments [...]. La plus belle louange qu'on puisse lui décerner, c'est d'être un poète chrétien, et d'avoir chanté avec des accents quasi divins les idéaux chrétiens dont il contemplait de toute son âme la beauté et la splendeur ». L'œuvre de Dante – poursuivait le Pontife – est un exemple éloquent et valide qui « démontre combien il est faux que l'offrande à Dieu de l'esprit et du cœur coupe les ailes de l'intelligence, alors qu'elle la stimule et l'élève ». C'est pourquoi, soutenait encore le Pape, « les enseignements laissés par Dante dans toutes ses œuvres, mais spécialement dans son triple poème », peuvent servir « de guide très valable pour les hommes de notre temps » et en particulier pour les étudiants et les érudits, puisqu' « en composant son poème, il n'eut pas d'autre but que d'arracher les mortels à leur condition misérable, celle du péché, pour les conduire à l'état de bonheur, celui de la grâce divine ».

Plusieurs interventions de saint Paul VI se rattachent au 7ème centenaire de sa naissance, en 1965. Le 19 septembre, il fit don d'une croix dorée pour enrichir le petit temple de Ravenne qui abrite la tombe de Dante, jusqu'alors privé « d'un tel signe de religion et d'espérance ».[5] Le 14 novembre, il envoya à Florence une couronne de lauriers dorée pour qu'elle soit enchâssée dans le Baptistère San Giovanni. Enfin, en conclusion des travaux du Concile œcuménique Vatican II, il donna aux Pères conciliaires une édition artistique de la *Divine Comédie*. Mais surtout, il honora la mémoire du Grand Poète par la Lettre Apostolique *Altissimi cantus*,[6] où il réaffirme le lien étroit entre l'Église et Dante Alighieri : « Si quelqu'un voulait demander pourquoi l'Église catholique, de par la volonté de son chef visible, prend à cœur de cultiver la mémoire et de célébrer la gloire du poète florentin, notre réponse serait facile : parce que, par un droit particulier, Dante est

[5] *Discours au Sacré Collège et à la Prélature Romaine* (23 décembre 1965) : *AAS* 58 (1966), p. 80.

[6] Cf. *AAS* 58 (1966), pp. 22-37.

nôtre ! Nôtre, nous voulons dire, de foi catholique, tout respirant l'amour du Christ ; nôtre, parce qu'il aima beaucoup l'Église dont il chanta les gloires ; et nôtre parce qu'il reconnut et vénéra dans le Pontife Romain, le Vicaire du Christ ».

Mais un tel droit, poursuivait le Pape, loin d'autoriser des attitudes triomphalistes, représente plutôt un engagement : « Dante est nôtre, nous pouvons le répéter ; et nous l'affirmons non pour en faire un ambitieux trophée de gloire égoïste, mais plutôt pour nous rappeler à nous-mêmes le devoir de le reconnaître tel, et de découvrir dans son œuvre les trésors inestimables de la pensée et des sentiments chrétiens, car nous sommes convaincus que seul celui qui rentre dans l'âme religieuse du souverain Poète peut en comprendre complètement et en goûter les merveilleuses richesses spirituelles ». Et cet engagement n'exempte pas l'Église d'accueillir aussi les paroles de critique prophétique prononcées par le Poète à l'encontre de ceux qui devaient annoncer l'Évangile et représenter non pas soi-même mais le Christ : « Il est regrettable de rappeler que la voix de Dante s'éleva, cinglante et sévère, contre plus d'un Pontife Romain, et qu'il fit de dures réprimandes contre des institutions ecclésiastiques et contre des personnes qui furent ministres et représentantes de l'Église ». Il est cependant clair que « ces farouches attitudes n'ont jamais ébranlé sa solide foi catholique ni sa filiale affection envers la sainte Église ».

Paul VI présentait ensuite les caractéristiques qui font du poème dantesque une source de richesses spirituelles à la portée de tous : « Le Poème de Dante est universel : dans son immense largesse, il embrasse le ciel et la terre, l'éternité et le temps, les mystères de Dieu et les vicissitudes des hommes, la doctrine sacrée et celle puisée à la lumière de la raison, les données de l'expérience personnelle et les souvenirs de l'histoire ». Mais il dégageait surtout la finalité intrinsèque de l'œuvre de Dante, en particulier de la *Divine Comédie*, finalité pas toujours clairement appréciée et évaluée : « La finalité de la *Divine Comédie* est essentiellement pratique et transformatrice. Elle ne vise pas seulement à être poétiquement belle et moralement bonne, mais elle vise à changer radicalement l'homme pour le conduire du désordre à la sagesse, du péché à la sainteté, de la misère au bonheur, de la contemplation effrayante de l'enfer à la contemplation béatifique du paradis ».

Le Pape avait à cœur l'idéal de la paix, en un moment de l'histoire dense de tensions entre les peuples, et il trouvait dans l'œuvre du Poète une réflexion précieuse pour la promouvoir et la susciter : « Cette paix de chacun, des familles, des nations, des groupes humains, paix intérieure et extérieure, paix individuelle et publique, tranquillité de l'ordre, est troublée et secouée parce que la piété et la justice sont foulées aux pieds. La foi et la raison, Béatrice et Virgile, la Croix et l'Aigle, l'Église et l'Empire sont appelés à opérer en harmonie afin de restaurer l'ordre et le salut ». Dans cette ligne, il présentait ainsi l'œuvre poétique dans la perspective de la paix : « La *Divine Comédie* est un Poème de paix : l'*Enfer*, chant lugubre de la paix perdue pour toujours ; le *Purgatoire*, doux chant de la paix espérée ; le *Paradis*, ode triomphale de la paix éternellement et pleinement possédée ».

Dans cette perspective, poursuivait le Pontife, la *Comédie* « est le poème du progrès social par la conquête d'une liberté qui est affranchissement de l'asservissement au mal, et qui nous conduit à trouver et à aimer Dieu, [...] professant un humanisme dont nous retenons les qualités bien précisées ». Mais Paul VI rappelait ensuite quelles étaient les qualités de l'humanisme dantesque : « Chez Dante, toutes les valeurs humaines (intellectuelles, morales, affectives, culturelles, civiques) sont reconnues et exaltées. Et il est important de relever que cette appréciation et cet honneur se manifestent à mesure qu'il pénètre dans le divin, alors que la contemplation aurait pu anéantir les éléments terrestres ». C'est de là, affirmait le Pape, que naît à juste titre l'appellation de *Grand Poète* et la qualification de *divine* attribuée à la *Comédie*, ainsi que la proclamation de Dante comme « seigneur du chant suprême », dans l'*incipit* de la Lettre Apostolique elle-même.

Appréciant également les extraordinaires qualités artistiques et littéraires de Dante, Paul VI réaffirmait un principe tant d'autres fois affirmé par lui : « La théologie et la philosophie ont avec la beauté un rapport qui consiste en ceci : la beauté, avec la douceur du chant et la visibilité de l'art figuratif et plastique, prête à la doctrine son vêtement et son ornement. Elle ouvre la route pour que les précieux enseignements de celle-ci soient communiqués à beaucoup. Les grandes discussions, les raisonnements subtils sont inaccessibles aux humbles, eux aussi affamés du pain de la vérité, et qui sont multitude. Or, eux aussi éprouvent, ressentent et apprécient l'influence de la beauté, et, par ce moyen, la vérité brille plus facilement pour eux et les nourrit. C'est ce qu'a compris et fait le seigneur du chant suprême pour qui la beauté est devenue servante de la bonté et de la vérité, et que la bonté est devenue matière de la beauté ».

Citant enfin la *Comédie*, Paul VI exhortait chacun : « Honorez le très haut poète ! » (*Enf.* IV, 80).

Je désire évoquer seulement de saint Jean-Paul II, qui a plusieurs fois dans ses discours repris les œuvres du Grand Poète, son intervention du 30 mai 1985 lors de l'inauguration de l'exposition *Dante au Vatican*. Comme Paul VI, il soulignait le génie artistique : l'œuvre de Dante est interprétée comme « une réalité rendue visible qui parle de la vie d'outre-tombe et du mystère de Dieu avec la force de la pensée théologique, transfigurée par la splendeur de l'art et de la poésie réunies ». Le Pontife s'arrêtait ensuite pour examiner un terme clé de l'œuvre de Dante : « "Transhumaner". Ce fut l'effort suprême de Dante : faire en sorte que le poids de l'humain ne détruise pas le divin qui est en nous, et que la grandeur du divin n'annule pas la valeur de l'humain. C'est pourquoi le Poète a relu à juste titre son histoire personnelle et celle de toute l'humanité dans une perspective théologique ».

Benoît XVI a souvent reproposé l'itinéraire de Dante en puisant dans ses œuvres des points de réflexion et de méditation. Par exemple, parlant de sa première Encyclique *Deus caritas est*, il partait justement de la vision dantesque de Dieu dans laquelle

« lumière et amour sont une seule chose » pour proposer à nouveau sa réflexion sur la nouveauté de l'œuvre de Dante : « Le regard de Dante distingue toutefois une chose totalement nouvelle [...]. La Lumière éternelle se présente en trois cercles auxquels il s'adresse avec ces vers intenses que nous connaissons : "O Lumière éternelle qui seule en toi reposes / Qui seule te connais et par toi connue / et te connaissant, aimes et souris!" (*Par.* XXXIII, 124-126). En réalité, la perception d'un visage humain – le visage de Jésus Christ –, qui apparaît à Dante dans le cercle central de la Lumière, est encore plus bouleversante que cette révélation de Dieu en tant que cercle trinitaire de connaissance et d'amour. [...] Ce Dieu a un visage humain et – nous pouvons ajouter – un cœur humain ».[7] Le Pape soulignait l'originalité de la vision dantesque dans laquelle se communique poétiquement la nouveauté de l'expérience chrétienne née du mystère de l'Incarnation : « La nouveauté d'un amour qui a poussé Dieu à prendre un visage humain, et même à devenir chair et sang, être humain tout entier ».[8]

[7] *Discours aux participants à la rencontre promue par le Conseil pontifical 'Cor Unum'*, 23 janvier 2006. *Insegnamenti* 2006 II/I, pp. 92-93.

[8] *Ibid.*, p. 93.

Pour ma part, dans ma première encyclique *Lumen fidei*,[9] j'ai fait référence à Dante pour exprimer la lumière de la foi en citant un verset du *Paradis* dans lequel elle est décrite comme l' « étincelle / qui se dilate, ensuite en flamme vive / et scintille en moi comme étoile du ciel » (*Par.* XXIV, 145-147). Pour les 750 ans de la naissance du Poète, j'ai voulu honorer sa mémoire par un message, souhaitant que « la figure d'Alighieri et son œuvre soient de nouveau comprises et valorisées ». Et je proposais de lire la *Comédie* comme « un grand itinéraire, ou plutôt comme un véritable pèlerinage, qu'il soit personnel et intérieur ou communautaire, ecclésial, social et historique ». En effet, « elle représente le paradigme de tout voyage authentique dans lequel l'humanité est appelée à laisser ce que Dante définit comme étant " la petite aire qui nous rend si féroces " (*Par.* XXII, 151) pour atteindre une condition nouvelle marquée par l'harmonie, la paix et le bonheur ».[10] J'ai ensuite désigné la figure du Grand Poète à nos contemporains en le proposant comme « prophète d'espérance,

[9] Cf. n. 4 : *AAS* 105 (2013), p. 557.

[10] *Message au Président du Conseil pontifical pour la Culture* (4 mai 2015) : *AAS* 107 (2015), pp. 551-552.

annonciateur de la possibilité du rachat, de la libération, du changement profond de tous les hommes et femmes, de toute l'humanité ». [11]

Enfin, en recevant le 10 octobre 2020 une Délégation de l'Archidiocèse de Ravenne à l'occasion de l'ouverture de l'Année Dante, et en annonçant ce document, j'observais combien son œuvre peut encore aujourd'hui enrichir l'esprit et le cœur d'un grand nombre de personnes, surtout parmi les jeunes, qui, en s'approchant de sa poésie « d'une manière qui leur soit accessible, perçoivent inévitablement tout l'éloignement de l'auteur et de son monde, mais ressentent pourtant un écho surprenant ».[12]

2. La vie de Dante Alighieri, paradigme de la condition humaine

Avec cette Lettre Apostolique, je désire moi aussi m'arrêter sur la vie et sur l'œuvre de l'illustre Poète, afin de percevoir cette résonance en manifestant à la fois son actualité et sa pérennité, et afin de saisir ces avertissements et ces réflexions qui encore aujourd'hui sont essentiels pour toute l'humanité, pas

[11] *Ibid.*, p. 552.

[12] *L'Osservatore Romano,* éd. en langue française, 20 octobre 2020, p. 7.

seulement pour les croyants. L'œuvre de Dante fait en effet partie intégrante de notre culture, elle nous renvoie aux racines chrétiennes de l'Europe et de l'Occident, elle représente un patrimoine d'idéaux et de valeurs qu'aujourd'hui encore l'Église et la société civile proposent comme base à la coexistence humaine sur laquelle nous pouvons et nous devons nous reconnaître tous frères. Sans entrer dans la complexe histoire personnelle, politique et judiciaire d'Alighieri, je voudrais rappeler seulement quelques moments et événements de sa vie où il apparaît extraordinairement proche de beaucoup de nos contemporains, et qui sont essentiels pour comprendre son œuvre.

Il fut tout d'abord lié par un fort sens d'appartenance à la ville de Florence, où il naquit en 1265 et épousa Gemma Donati dont il eut quatre enfants, sens d'appartenance qui toutefois se transforma au fil du temps en opposition ouverte en raison de désaccords politiques. Jamais cependant le désir d'y retourner ne s'éteignit en lui, non seulement en raison de l'affection qu'il continua à nourrir pour sa ville, mais surtout pour être couronné poète là où il avait reçu le baptême et la foi (cf. *Par.* XXV, 1-9). Dans les en-têtes de certaines de ses *Lettres* (III, V, VI et VII), Dante se définit comme « *florentinus et exul inmeritus* », alors que dans sa XIIIème *Lettre*, adressée à Cangrande della Scala, il précise : « *florentinus natione non moribus* ». Guelfe blanc, il se trouve impliqué dans les conflits entre Guelfes et Gibelins, entre Guelfes blancs et Guelfes noirs, et après avoir exercé des fonctions publiques toujours plus importantes jusqu'à celle de Prieur, il est exilé pendant deux ans suite aux événements politiques défavorables de 1302, interdit de fonction publique et condamné à payer une amende. Dante refuse le verdict, à son avis injuste, et le jugement devient encore plus sévère : exil perpétuel, confiscation des biens et condamnation à mort en cas de retour au pays. Commence ainsi la douloureuse aventure de Dante qui cherchera en vain à retourner dans sa Florence bien-aimée pour laquelle il a combattu avec passion.

Il devient ainsi l'exilé, le "pèlerin pensif". Il tombe dans une condition de « douloureuse pauvreté » (*Le Banquet*, I, III, 5) qui le pousse à chercher refuge et protection auprès de seigneuries locales, parmi lesquelles les Scaligeri di Vérona et les Malaspina in Lunigiana. L'amertume et le découragement de cette nouvelle condition se perçoivent dans les paroles de Cacciaguida, ancêtre du Poète : « Tu laisseras tout ce que tu aimes / le plus chèrement ; et c'est la flèche / que l'arc de l'exil décoche pour commencer. / Tu sentiras comme à saveur de sel / le pain d'autrui, et comme il est dur / à descendre et monter l'escalier d'autrui » (*Par.* XVII, 55-60).

N'acceptant pas, ensuite, les conditions humiliantes d'une amnistie qui lui aurait permis de rentrer à Florence, il est de nouveau condamné à mort en 1315, cette fois avec ses enfants adolescents. La dernière étape de son exil est Ravenne où il est accueilli par Guido Novello da Polenta, et où il meurt dans la nuit du 13 au 14 septembre 1321 à l'âge de 56 ans, de retour d'une mission à Venise. Sa sépulture, d'abord dans un sarcophage à *San Pietro Maggiore*, le long du mur extérieur de l'ancien cloître franciscain, sera ensuite transférée dans un petit temple adjacent du XVIIIème siècle, où sa dépouille mortelle sera replacée en 1865 après de multiples péripéties. Le lieu est encore aujourd'hui la destination d'innombrables visiteurs et admirateurs du Grand Poète, père de la langue et de la littérature italiennes.

En exil, l'amour pour sa ville, trahi par les « scélérats florentins » (*Ep.* VI, 1), se transforme en triste nostalgie. La déception profonde provoquée par la perte de ses idéaux politiques et civiques, ainsi que la douloureuse pérégrination d'une ville à une autre en recherche de refuge et de soutien, ne sont pas étrangères à son œuvre littéraire et poétique. Elles en constituent au contraire la racine essentielle et la raison profonde. Quand Dante décrit les pèlerins qui se mettent en chemin pour visiter les lieux saints, il décrit d'une certaine manière sa condition existentielle et manifeste ses sentiments les plus intimes : « Pèlerins qui pensifs allez… » (*Vita nuova*, 29 [XL (XLI), 9], v.1). Le motif revient plusieurs fois comme dans ce verset du *Purgatoire* : « Comme font les pèlerins pensifs, / rencontrant en chemin des inconnus / qui se tournent vers eux sans s'arrêter » (XXIII, 16-18). La mélancolie déchirante de Dante, pèlerin et exilé, se perçoit aussi dans les célèbres versets du VIIIème Chant du *Purgatoire :* « C'était l'heure déjà où tourne le désir / de ceux qui sont en mer quand attendrit leur cœur / le jour où ils ont dit aux doux amis adieu » (VIII, 1-3).

En réfléchissant en profondeur sur sa situation personnelle d'exil, d'incertitude radicale, de fragilité, de mobilité continuelle, Dante transforme celle-ci en la sublimant dans un paradigme de la condition humaine, laquelle se présente comme un chemin, intérieur avant d'être extérieur, qui ne s'arrête jamais sinon lorsqu'il arrive au but. Nous tombons ainsi sur deux thèmes fondamentaux de toute l'œuvre de Dante : le point de départ de tout itinéraire existentiel : le désir, inscrit dans l'âme humaine ; et le point d'arrivée : le bonheur, donné par la vision de l'Amour qui est Dieu.

Le Grand Poète, tout en vivant des événements dramatiques, tristes et angoissants, ne se résigne jamais, il ne succombe pas, il n'accepte pas de réprimer le désir de plénitude et de bonheur qui est dans son cœur. Il ne se résigne pas non plus à céder à l'injustice, à l'hypocrisie, à l'arrogance du pouvoir, à l'égoïsme qui font de notre monde « la petite aire qui nous rend si féroces » (*Par.* XXII, 151).

3. La mission du Poète, prophète d'espérance

Relisant donc sa vie, surtout à la lumière de la foi, Dante découvre sa vocation et la mission qui lui sont confiées pour lesquelles il se change paradoxalement en prophète d'espérance, d'homme en apparence failli et déçu, pécheur et découragé qu'il était. Dans sa Lettre à Cangrande della Scala, il précise avec une extraordinaire limpidité la finalité de son œuvre qui se réalise et se déploie, non plus dans des actions politiques ou militaires, mais grâce à la poésie, à l'art de la parole qui, adressée à tous, peut changer chacun : « Il faut dire brièvement que le but de l'ensemble et de la partie est de retirer les vivants d'un état de misère et de les conduire à un état de bonheur » (XIII, 39 [15]). Cette finalité suscite un chemin de libération de toute forme de misère et de dégradation humaine (la "forêt obscure") et désigne en même temps du doigt le but ultime : le bonheur, compris comme plénitude de vie dans l'histoire et comme béatitude éternelle en Dieu.

De cette double finalité, de cet audacieux programme de vie, Dante est messager, prophète et témoin, confirmé dans sa mission par Béatrice : « Aussi pour le bien du monde qui vit mal, / tiens tes yeux sur le char, et ce que tu vois, / revenu là-bas, fais que tu l'écrives » (*Purg.* XXXII, 103-105). Cacciaguida également, son ancêtre, l'exhorte à ne pas faiblir dans sa mission. L'illustre aïeul réplique au Poète qui évoque brièvement sa marche dans les trois règnes de l'au-delà expliquant la difficulté de communiquer ces vérités qui font mal et qui dérangent : « La conscience obscurcie / ou par sa faute ou par celle d'autrui / trouvera ta parole brutale. / Néanmoins, écartant tout mensonge, / porte au jour ta vision tout entière, / et laisse gratter là où est la gale » (*Par.* XVII, 124-129). Une incitation identique à vivre courageusement sa mission prophétique est adressée à Dante par saint Pierre. Dans le *Paradis*, l'Apôtre, après une terrible invective contre Boniface VIII, parle ainsi au Poète : « Et toi, mon fils, que le poids mortel / ramènera sur terre, ouvre la bouche, / ne cache pas le mal que je n'ai pas caché » (XXVII, 64-66).

Ainsi, s'insèrent également dans la mission prophétique de Dante la dénonciation et la critique envers ces croyants, Pontifes ou simples fidèles, qui trahissent l'adhésion au Christ et transforment l'Église en instrument de leurs propres intérêts, oubliant l'esprit des Béatitudes et la charité envers les petits et les pauvres, et idolâtrant le pouvoir et la richesse : « Tout ce que l'Église garde, tout / est à qui demande au nom de Dieu, / non pas aux parents et à d'autres pires » (*Par.* XXII, 82-84). Mais à travers les paroles de saint Pierre Damien, de saint Benoît et de saint Pierre, le Poète, alors qu'il dénonce la corruption de certaines parties de l'Église, se fait le porte-voix d'un renouveau profond. Il invoque la Providence pour qu'elle le favorise et le rende possible : « Mais la haute providence, qui avec Scipion / défendit à Rome la gloire du monde, / viendra bientôt à l'aide, à ce que je comprends » (*Par.* XXVII, 61-63).

Dante, exilé, pèlerin, fragile mais fort à présent de la profonde et intime expérience qui l'a transformé, rené grâce à la vision qui, des profondeurs des enfers et de la condition humaine la plus dégradée, l'a élevé à la vision même de Dieu, s'érige en messager d'une existence nouvelle, en prophète d'une nouvelle humanité qui aspire à la paix et au bonheur.

4. Dante, chantre du désir humain

Dante sait lire en profondeur dans le cœur humain et même chez les personnes les plus abjectes et les plus effrayantes, il sait entrevoir une étincelle du désir de rejoindre un certain bonheur, une plénitude de vie. Il s'arrête pour écouter les âmes qu'il rencontre, dialoguer avec elles. Il les interroge pour s'identifier et participer à leurs tourments ou à leur bonheur. Le Poète, en partant de sa condition personnelle, se fait ainsi l'interprète du désir de tout être humain de persévérer sur le chemin tant que le but final n'est pas atteint, tant que la vérité, la réponse aux pourquoi de l'existence n'est pas trouvée, tant que, comme l'affirmait déjà saint Augustin,[13] le cœur ne trouve repos et paix en Dieu.

[13] Cf. *Conf.*, I, I, 1 : PL 32, 661.

Dans *Le Banquet*, il analyse justement le dynamisme du désir : « Le désir suprême de toute chose, désir communiqué à l'origine par la nature, est de retourner à son origine. Dieu étant le principe de nos âmes, [...] celles-ci désirent par-dessus tout retourner à lui. Et comme un voyageur qui s'avance sur un chemin qu'il n'a pas encore parcouru, chaque fois qu'il voit à distance une maison se figure que c'est une auberge, voyant que cela n'est pas, porte sur une autre maison son espoir, et ainsi de maison en maison jusqu'à ce qu'enfin il arrive à l'auberge, ainsi notre âme, aussitôt qu'elle entre dans le chemin nouveau, et qu'elle n'a jamais encore parcouru, dirige ses regards vers le but de son bien suprême, et toute chose qu'elle aperçoit, qui lui paraisse recéler en soi quelque bien, lui semble être le but » (IV, XII, 14-15).

L'itinéraire de Dante, en particulier celui décrit dans la *Divine Comédie*, est vraiment le cheminement du désir, du besoin profond et intérieur de changer sa vie afin de pouvoir atteindre le bonheur et en montrer la route à celui qui se trouve, comme lui, dans une "forêt obscure" et qui a perdu la "voie droite". Il est de plus significatif que, dès la première étape de ce parcours, son guide, le grand poète latin Virgile, lui indique le but qu'il doit atteindre en l'encourageant à ne pas céder à la peur et à la fatigue : « Mais toi, pourquoi retournes-tu vers cette angoisse ? / Pourquoi ne vas-tu pas à la douce montagne / qui est principe et cause de toute joie? » (*Enf.* I, 76-78).

5. Poète de la miséricorde de Dieu et de la liberté humaine

Ce chemin n'est pas illusoire ni utopique, mais réaliste et possible, tous peuvent s'y engager car la miséricorde de Dieu offre toujours la possibilité de changer, de se convertir, de se retrouver et de retrouver la voie vers le bonheur. Significatifs à ce sujet sont certains épisodes et personnages de la *Comédie* qui manifestent comment cette voie n'est fermée à personne sur terre. Voici, par exemple, l'empereur Trajan, païen mais mis au *Paradis*. Dante justifie ainsi cette présence : « *Regnum celorum* souffre la violence / de grand amour et de vive espérance, / qui vainc la volonté divine ; / non pas comme l'homme qui surpasse l'homme, / mais elle vainc parce qu'elle veut être vaincue, / et, vaincue, elle vainc par sa bénignité » (*Par.* XX, 94-99). Le geste de charité de Trajan envers une « veuve » (45), ou bien la « petite larme » de repentir versée à l'article de la mort par Buonconte da Montefeltro (cf. *Purg.* V, 107), montrent, non seulement la miséricorde infinie de Dieu, mais confirment que l'être humain peut toujours choisir avec sa liberté la voie qu'il va suivre et quel destin mériter.

Sous ce jour, significatif est le Roi Manfred, mis au *Purgatoire* par Dante qui évoque ainsi sa fin et le verdict divin : « Après que mon corps eut été percé / par deux coups mortels, je me confiai / en pleurs à celui qui pardonne volontiers. / Horribles furent mes péchés ; / mais l'infinie bonté a de si grands bras / qu'elle y accueille ceux qui s'adressent à elle » (*Purg.* III, 118-123). Il semble presque entrevoir la figure du père de la parabole évangélique, les bras ouverts, prêt à accueillir le fils prodigue qui revient à lui (cf. *Lc* 15, 11-32).

Dante se fait le défenseur de la dignité de tout être humain et de la liberté comme condition fondamentale, tant des choix de vie que de la foi elle-même. Le destin éternel de l'homme – suggère Dante en nous racontant les histoires de si nombreux personnages, illustres ou peu connus – dépend de ses choix, de sa liberté. Même les gestes quotidiens et apparemment sans importance ont une portée qui dépasse le temps et sont projetés dans la dimension éternelle. Le plus grand don fait par Dieu à l'homme pour qu'il puisse atteindre le but ultime est justement la liberté, comme l'affirme Béatrice : « Le plus grand don que Dieu dans sa largesse / fit en créant, le plus conforme / à sa bonté, et celui qu'il estime le plus, / fut la liberté du vouloir » (*Par.* V, 19-22). Ce ne sont pas des affirmations rhétoriques et vagues puisqu'elles jaillissent de l'existence de celui qui connaît le coût de la liberté : « Il cherche liberté, qui est si chère, / comme sait qui pour elle a refusé la vie » (*Purg.* I, 71-72).

Mais la liberté, nous rappelle Alighieri, n'est pas une fin en soi, elle est une condition pour s'élever sans cesse. Le parcours dans les trois règnes nous montre matériellement cette ascension, qui se poursuit au point de toucher le Ciel, au point d'atteindre le bonheur complet. Le « noble désir » (*Par.* XXII, 61) suscité par la liberté ne peut s'éteindre qu'à l'arrivée, à la vision ultime et à la béatitude : « En moi qui touchais à la fin / de tous mes vœux, comme il fallait, se parfit l'ardeur du désir » (*Par.* XXXIII, 46-48). Le désir se fait ensuite prière, supplication, intercession, chant qui accompagne et marque l'itinéraire de Dante, à la manière dont la prière liturgique scande les heures et les moments de la journée. La paraphrase du *Notre Père* que le Poète propose (cf. *Purg.* XI, 1-21) entrelace le texte évangélique et son vécu personnel, avec ses difficultés et ses souffrances : « Que vienne à nous la paix de ton royaume, / car de nous-mêmes nous ne pouvons pas aller à elle. [...] Donne-nous aujourd'hui la manne quotidienne / sans quoi, dans cet âpre désert, / ceux qui s'efforcent d'avancer vont en arrière » (7-8. 13-15). La liberté de celui qui croit en Dieu, Père miséricordieux, ne peut que se confier à lui dans la prière, elle n'est en rien lésée par celle-ci, mais au contraire renforcée.

6. L'image de l'homme dans la vision de Dieu

Dans l'itinéraire de la *Comédie*, comme le soulignait déjà le Pape Benoît XVI, le cheminement de la liberté et du désir n'implique pas en soi, comme on pourrait peut-être l'imaginer, une réduction du concret de l'humain, il n'aliène pas la personne par elle-même, il n'annule pas ni ne néglige ce qui en a constitué l'existence historique. Même dans le *Paradis*, en effet, Dante représente les bienheureux – les « robes blanches » (XXX, 129) – dans leur aspect corporel, il évoque leurs affections et leurs émotions, leurs regards et leurs gestes. Il nous montre, en somme, l'humanité dans sa perfection accomplie dans l'âme et dans le corps, préfigurant la résurrection de la chair. Saint Bernard, qui accompagne Dante sur la dernière partie du chemin, montre au Poète les enfants présents dans la rose des bienheureux et il l'invite à les regarder et à les écouter : « Tu peux t'en apercevoir aux visages / et aussi aux voix enfantines, / si tu les regardes bien et si tu les écoutes » (XXXII, 46-48). Il est émouvant que cette manifestation des bienheureux dans leur lumineuse et complète humanité soit un motif, non seulement de sentiments d'affection envers les êtres qui nous sont chers, mais surtout du désir explicite d'en revoir les corps, les traits terrestres : « Ils montrèrent bien désir de leurs corps morts : / non peut-être pour eux mais pour leurs mamans, / pour leurs pères et pour ceux qui leur furent chers / avant qu'ils fussent flammes sempiternelles » (XIV, 63-66).

Et enfin, au centre de la vision ultime, dans la rencontre avec le Mystère de la Très Sainte Trinité, Dante entrevoit un visage humain, celui du Christ, la Parole éternelle faite chair dans le sein de Marie : « Dans la profonde et claire subsistance / de la haute lumière trois cercles m'apparurent, / de trois couleurs et de grandeur unique [...]. Ce cercle ainsi conçu / qui semblait en toi lumière réfléchie / longuement contemplée par mes yeux / à l'intérieur de soi, de sa même couleur, / me sembla peint de notre image » (XXXIII, 115-117.127-131). C'est seulement dans la *visio Dei* que le désir de l'homme s'apaise et que tout son fatiguant chemin se termine : « Mon esprit fut frappé / par un éclair qui vint à son désir. / Ici la haute fantaisie perdit sa puissance » (140-142).

Le Mystère de l'Incarnation que nous célébrons aujourd'hui est le véritable centre d'inspiration, le noyau essentiel de tout le poème. En lui se réalise ce que les Pères de l'Église appelaient la "divinisation", l'*admirabile commercium*, le prodigieux échange par lequel, alors que Dieu entre dans notre histoire en se faisant chair, l'être humain peut entrer avec sa chair dans la réalité divine symbolisée par la rose des bienheureux. L'humanité, de par son caractère concret, avec les gestes et les paroles quotidiens, avec son intelligence et ses affections, avec le corps et les émotions, est assumée en Dieu en qui elle trouve le vrai bonheur et la réalisation pleine et ultime, en qui elle atteint le point d'arrivée de tout son cheminement. Dante avait désiré et prévu cette arrivée au début du *Paradis* : « Le désir devrait s'enflammer davantage / de voir cette essence en qui se voit / comment notre nature et Dieu s'unissent. / Là on verra ce qu'on tient par foi, / non démontré, mais qui sera par soi connu, / comme le premier vrai que l'homme croit » (II, 40-45).

7. Les trois femmes de la Comédie : Marie, Béatrice, Lucie

En chantant le Mystère de l'Incarnation, source de salut et de joie pour toute l'humanité, Dante ne peut pas ne pas chanter les louanges de Marie, la Vierge mère qui, avec son "oui", avec son accueil plein et total du projet de Dieu, rend possible que le Verbe se fasse chair. Un beau traité de mariologie se trouve dans l'œuvre de Dante. Avec de très hauts accents lyriques, surtout dans la prière prononcée par saint Bernard, toute sa réflexion théologique sur Marie et sa participation au mystère de Dieu est synthétisée : « Vierge mère, fille de ton fils, / humble et haute plus que créature, / terme arrêté d'un éternel conseil, / tu es celle qui a tant anobli notre nature humaine que son créateur daigna se faire sa créature » (*Par.* XXXIII, 1-6). L'oxymore initial et la suite de termes antithétiques mettent en évidence l'originalité de la figure de Marie, sa singulière beauté.

Saint Bernard, en montrant les bienheureux dans la rose mystique, invite Dante à contempler Marie qui a donné au Verbe Incarné ses traits humains : « Regarde à présent la face qui au Christ / ressemble le plus, car seule sa clarté / peut te disposer à voir le Christ » (*Par.* XXXII, 85-87). Le Mystère de l'Incarnation est encore une fois évoqué par la présence de l'Archange Gabriel. Dante interroge saint Bernard : « Quel est cet ange qui si joyeux / regarde dans les yeux notre reine, / si amoureux qu'il paraît de feu ? » (103-105) ; et il répond : « Il est celui qui porta la palme / sur terre à Marie, quand le Fils de Dieu / voulut se charger de notre poids » (112-114). La référence à Marie est constante dans toute la *Divine Comédie.* Au long du parcours dans le *Purgatoire*, elle est le modèle des vertus qui s'opposent aux vices ; elle est l'étoile du matin qui aide à sortir de la forêt obscure pour s'acheminer vers la montagne de Dieu ; elle est la présence constante, par son invocation – « le nom de la belle fleur que j'invoque sans cesse, / matin et soir » (*Par.* XXIII, 88-89) –, qui prépare à la rencontre avec le Christ et avec le mystère de Dieu.

Dante, qui n'est jamais seul sur son chemin mais se laisse guider tout d'abord par Virgile, symbole de la raison humaine, puis par Béatrice et par saint Bernard, peut à présent, grâce à l'intercession de Marie, parvenir à la patrie et goûter la pleine joie qu'il a désirée toute sa vie : « Et dans mon cœur, coule encore la douceur qui naquit d'elle » (*Par.* XXXIII, 62-63).

On ne se sauve pas soi-même, semble nous répéter le Poète, conscient de sa propre insuffisance : « Je ne suis pas venu par moi seul » (*Enf.* X, 61). Il est nécessaire que nous fassions le chemin en compagnie de qui peut nous soutenir et nous guider avec sagesse et prudence.

Dans ce contexte, la présence féminine apparaît significative. Au début de la fatigante montée, Virgile, le premier guide, réconforte et encourage Dante à persévérer parce que trois femmes intercèdent pour lui et le guideront : Marie, la Mère de Dieu, figure de la charité ; Béatrice, symbole d'espérance ; sainte Lucie, image de la foi. Béatrice se présente ainsi avec des paroles émouvantes : « Je suis Béatrice, qui te prie d'aller ; / je viens du lieu où j'ai désir de retourner ; / Amour m'envoie, qui me fait parler » (*Enf.* II, 70-72). Elle affirme que l'unique source qui peut nous donner le salut est l'amour, l'amour divin qui transfigure l'amour humain. Béatrice renvoie ensuite à l'intercession d'une autre femme, la Vierge Marie : « Noble dame est au ciel, qui a pitié / de la détresse où je t'envoie, / si bien qu'elle brise la dure loi d'en haut » (94-96). Ensuite, intervient Lucie qui s'adresse à Béatrice : « Béatrice, louange de Dieu vraie, / pourquoi n'aides-tu pas celui qui t'aima tant /

que pour toi il sortit de la horde vulgaire ? » (103-105). Dante reconnait que seul celui qui est mû par l'amour peut vraiment nous soutenir sur le chemin et nous conduire au salut, au renouvellement de la vie et donc au bonheur.

8. François, époux de Dame Pauvreté

Dans la rose blanche des bienheureux, où brille au centre la figure de Marie, Dante place aussi de nombreux saints dont il esquisse la vie et la mission afin de les proposer comme des personnes ayant atteint le but de leur vie et de leur vocation dans le concret de leur existence, y compris à travers leurs nombreuses épreuves. Je rappellerai seulement brièvement la figure de saint François d'Assise, présentée dans le XIème Chant du *Paradis* où l'on parle des esprits sages.

Il y a une profonde syntonie entre saint François et Dante. Le premier est sorti du cloître avec les siens, il est allé parmi les gens dans les rues des villages et des villes, prêchant au peuple, s'arrêtant dans les maisons. Le second a fait le choix, incompréhensible à l'époque, d'utiliser la langue de tous pour son grand poème de l'au-delà, et de peupler son récit de personnages, connus et moins connus, mais absolument égaux en dignité aux puissants de la terre. Un autre trait rapproche les deux personnages : l'ouverture à la beauté et à la valeur du monde des créatures, miroir et "trace" du Créateur. Comment ne pas reconnaître dans ce « Que ton nom soit loué, et ta valeur, / par toute créature » de la paraphrase dantesque du *Notre Père* (*Purg.* XI, 4-5) une référence au *Cantique des créatures* de saint François ?

Dans le XIème Chant du *Paradis* cette consonance apparaît sous un nouvel aspect qui les rend encore plus semblables. La sainteté et la sagesse de François ressortent précisément parce que Dante, en regardant du ciel notre terre, voit l'étroitesse de qui se fie aux biens terrestres : « Ô souci insensé des mortels, quels syllogismes défectueux / te font voler si bas des ailes » (1-3). Toute l'histoire ou mieux, la « vie admirable » du saint est centrée sur sa relation privilégiée avec Dame Pauvreté : « Mais pour que je poursuive de façon moins obscure, / tiens désormais dans mon parler diffus, / pour ces amants, François et Pauvreté » (73-75). Dans le Chant de saint François, les moments forts de sa vie sont rappelés, ses épreuves, et enfin l'événement par lequel sa conformité au Christ, pauvre et crucifié, trouve l'extrême et divine confirmation, la marque des stigmates : « Ayant trouvé ces peuples trop rétifs / à la conversion, et pour ne pas rester en vain, / il revint au fruit de l'herbe italique, / sur l'âpre roc entre Tibre et Arno / il reçut du Christ le dernier sceau / que ses membres portèrent pendant deux ans » (103-108).

9. Accueillir le témoignage de Dante Alighieri

A la fin de cet aperçu synthétique sur l'œuvre de Dante Alighieri, mine presque infinie de connaissances, d'expériences, de considérations dans tous les domaines de la recherche humaine, une réflexion s'impose. La richesse de figures, de récits, de symboles, d'images suggestives et attirantes que Dante nous propose suscite certainement de l'admiration, de l'émerveillement, de la gratitude. Nous pouvons presque entrevoir en lui un précurseur de notre culture multi-médiale, où paroles et images, symboles et sons, poésie et danse se fondent en un unique message. On comprend alors pourquoi son poème a inspiré la création d'innombrables œuvres d'art de toutes sortes.

Mais l'œuvre du Grand Poète suscite aussi certaines interrogations pour notre temps. Que peut-elle nous transmettre, à notre époque ? A-t-elle encore quelque chose à nous dire, à nous offrir ? Son message est-il d'actualité, a-t-il un quelconque rôle à jouer pour nous aussi ? Peut-il encore nous interpeller ?

Dante – essayons de nous faire les interprètes de sa pensée – ne nous demande pas aujourd'hui d'être simplement lu, commenté, étudié, analysé. Il nous demande plutôt d'être écouté, d'être – d'une certaine manière – imité, de nous faire ses compagnons de voyage car, aujourd'hui encore, il veut nous montrer quel chemin mène au bonheur : la voie droite pour vivre pleinement notre humanité, franchissant les forêts obscures où nous perdons l'orientation et la dignité. Le voyage de Dante et sa vision de la vie après la mort ne sont pas seulement les objets d'un récit, ils ne constituent pas seulement un événement personnel, même exceptionnel.

Si Dante raconte tout cela – et il le fait de manière admirable – en utilisant la langue du peuple, celle que tous peuvent comprendre l'élevant au rang de langue universelle, c'est parce qu'il a un message important à nous transmettre, une parole qui veut toucher notre cœur et notre esprit, destinée à nous transformer et à nous changer dès maintenant, en cette vie. Son message peut et doit nous rendre pleinement conscients de ce que nous sommes et de ce que nous vivons jour après jour, dans la tension intérieure et continuelle vers le bonheur, vers la plénitude de l'existence, vers la patrie ultime où nous serons en pleine communion avec Dieu, Amour infini et éternel. Même si Dante est un homme de son temps et a une sensibilité différente de la nôtre sur certains thèmes, son humanisme est encore valide et actuel, et il peut certainement être un point de référence pour ce que nous voulons construire à notre époque.

Il est donc important que l'œuvre de Dante, saisissant l'occasion propice du Centenaire, se fasse davantage connaître de la manière la plus adéquate, qu'elle soit par conséquent rendue accessible et attrayante, non seulement pour les étudiants et les spécialistes, mais aussi pour tous ceux qui, impatients de répondre aux demandes intérieures, désireux de réaliser pleinement leur existence, veulent vivre leur itinéraire de vie et de foi de manière consciente, accueillant et vivant avec gratitude le don et l'engagement de la liberté.

Je félicite, par conséquent, les enseignants qui sont capables de communiquer avec passion le message de Dante, d'introduire au trésor culturel, religieux et moral contenu dans ses œuvres. Et ce patrimoine demande encore à être rendu accessible au-delà des enceintes scolaires et universitaires.

J'exhorte les communautés chrétiennes, surtout celles qui sont présentes dans les villes qui gardent la mémoire de Dante, les institutions académiques, les associations et les mouvements culturels, à promouvoir des initiatives destinées à faire connaître et à diffuser le message dantesque dans sa totalité.

J'encourage ensuite de manière particulière les artistes à donner une voix, un visage et un cœur, à donner forme, couleur et sons à la poésie de Dante, sur la voie de la beauté qu'il a magistralement parcourue ; à communiquer ainsi les vérités les plus profondes et à diffuser des messages de paix, de liberté, de fraternité dans les langages propres de l'art.

En ce moment de l'histoire particulier, marqué par beaucoup d'ombres, par des situations qui dégradent l'humanité, par un manque de confiance et de perspectives d'avenir, la figure de Dante, prophète d'espérance et témoin du désir humain de bonheur, peut encore nous donner des paroles et des exemples qui relancent notre marche. Elle peut nous aider à avancer avec sérénité et courage dans le pèlerinage de vie et de foi que nous sommes tous appelés à accomplir, tant que notre cœur n'aura pas trouvé la véritable paix et la véritable joie, tant que nous ne serons pas arrivés au but ultime de toute l'humanité, « l'amour qui meut le soleil et les autres étoiles » (*Par.* XXXIII, 145).

Du Vatican, le 25 mars, Solennité de l'Annonciation du Seigneur, de l'année 2021, la neuvième de mon Pontificat.

Francisco

INDEX

Candor Lucis æternæ 3
1. Les paroles des Pontifes Romains du siècle dernier sur Dante Alighieri. 5
2. La vie de Dante Alighieri, paradigme de la condition humaine 16
3. La mission du Poète, prophète d'espérance . 21
4. Dante, chantre du désir humain 24
5. Poète de la miséricorde de Dieu et de la liberté humaine 26
6. L'image de l'homme dans la vision de Dieu 29
7. Les trois femmes de la Comédie : Marie, Béatrice, Lucie 32
8. François, époux de Dame Pauvreté . . . 35
9. Accueillir le témoignage de Dante Alighieri. . 37

www.ingramcontent.com/pod-product-compliance
Ingram Content Group UK Ltd.
Pitfield, Milton Keynes, MK11 3LW, UK
UKHW021059290826
14628UKWH00014B/7

9 788826 606170